SOCIÉTÉ DES ARCHITECTES DE LA SEINE-INFÉRIEURE

POUR LE PROGRÈS DE L'ART ARCHITECTURAL EN PROVINCE

NOTE

SUR LA

QUESTION DES HONORAIRES

A ATTRIBUER AUX EXPERTS

RÉSIDANT AU HAVRE.

ROUEN

IMPRIMERIE LÉON DESHAYS

Emile Deshays et Cⁱᵉ, Successeurs

Rue des Carmes, 58.

1888

NOTE SUR LA

QUESTION DES HONORAIRES

A ATTRIBUER AUX EXPERTS RÉSIDANT AU HAVRE

Une pétition de MM. les Experts résidant au Havre, adressée à Monsieur le Ministre de la Justice, a pour objet de faire reconnaître et consacrer par l'autorité compétente, la légitimité de l'errement qui consiste à allouer aux experts résidant au Havre et opérant en matière civile, le tarif édicté pour les Cour de Paris et Tribunal de la Seine, avec réduction de un dixième.

La Société des Architectes de la Seine-Inférieure, consultée sur la question par ceux de ses membres qui résident au Havre, prie Monsieur le Ministre de la Justice de vouloir bien faire droit à la requête dont s'agit, en raison des considérations ci-après développées.

1° EN DROIT

Le 16 Février 1807, un Décret a fixé le Tarif des Frais en matière de Procédure Civile.

Le titre de ce document est celui-ci :

« Décret contenant le *Tarif des Frais et Dépens* pour le ressort de la Cour d'Appel de Paris ».

Il se décompose comme suit :

Livre Premier. — DES JUSTICES DE PAIX

CHAPITRE PREMIER. — Taxe des Actes et Vacations des Juges de Paix (art. 1 à 8; abrogés par la Loi du 21 Juillet)

CHAP. 2ᵉ. — Taxe des Greffiers des Juges de Paix (art. 9 à 20).

CHAP. 3ᵉ. — Taxe des Huissiers, des Juges de Paix (art. 21 à 23).

CHAP. 4ᵉ. — Taxe des Témoins, Experts et Gardiens des scellés (art. 24 à 26).

Livre Deuxième. — TAXE DES FRAIS DANS LES Tribunaux inférieurs ET DANS LES Cours.

TITRE PREMIER. — **Huissiers Ordinaires** (art. 27 à 66) ;

TITRE 2ᵉ. — **Avoués de Première Instance** (art. 67 à 175) ;

CHAPITRE PREMIER. — Matières sommaires (67) ;

CHAP. 2ᵉ. — Matières ordinaires (68 à 146) ;

CHAP. 3ᵉ. — **Avoués de la Cour d'Appel de Paris** (147 à 150) ;

CHAP. 4ᵉ. — Dispositions communes aux Avoués des Cours et Tribunaux (art. 151);

CHAP. 5ᵉ. — **Des Huissiers Audienciers** (art 152 à 158) ;

Chap. 6ᵉ. — **Des** « *Experts* », **des dépositaires de pièces et des témoins** (art. 159 à 167);

Chap. 7ᵉ. — **Des Notaires** (art. 168 à 175).

Un Décret complémentaire du même jour, 16 Février 1807 est ainsi conçu:

« Décret qui rend commun à plusieurs Cours d'Appel et Tribunaux, le Tarif des
« Frais et dépens de ceux de Paris et en fixe la réduction pour les autres :

« Article Premier. — Le Tarif des Frais et Dépens en la Cour d'Appel de Paris,
« décrété ce jourd'hui, est rendu commun aux Cours d'Appel de Lyon, Bordeaux, Rouen
« et Bruxelles.

« *Toutes les Sommes portées en ce Tarif* seront réduites de un dixième pour la Taxe des
« Frais et Dépens dans les autres Cours d'Appel.

« Art. 2ᵉ. — Le Tarif des Frais et Dépens décrété pour le Tribunal de première
« instance et pour les Justices de Paix, établis à Paris, est rendu commun aux Tribunaux
« de Première Instance et aux Justices de Paix établis à Lyon, Bordeaux, Rouen et
« Bruxelles.

« *Toutes les Sommes portées en ce Tarif* seront réduites de un dixième dans la Taxe
« des Frais et Dépens pour les Tribunaux de Première Instance et pour les Justices de Paix
« établis dans les villes où siège une Cour d'Appel, ou dans les *Villes dont la population*
« *excède 30,000 âmes.*

« Art. 3ᵉ. — Dans tous les autres Tribunaux de Première Instance et Justices de
« de Paix de l'Empire, le Tarif des Frais et Dépens sera le même que celui décrété pour les
« Tribunaux de Première Instance et les Justices de Paix du ressort de la Cour d'Appel de
« de Paris, autres que ceux établis dans cette Capitale.

« Art. 4ᵉ. — Sans intérêt au Tarif des Frais et Dépens; s'applique aux Frais de
Taxe fixés par un Décret du même jour.

Divers autres Décrets ont étendu ces Tarifs à d'autres juridictions :

30 Avril 1862 : Cour et Tribunal de Toulouse ;

12 Juin 1856 : Tribunal de Marseille ;

13 Décembre 1862 : Tribunaux de Lille et Nantes.

En voici les textes :

12-21 Juin 1856 (XI. Bull. C D, n° 3669).

« ARTICLE PREMIER. — Le Tarif des Frais et Dépens décrété le 16 Février 1807 pour
« le Tribunal de Première Instance et pour les Justices de Paix établis à Paris, est rendu
« commun au Tribunal de Première Instance et aux Justices de Paix de Marseille.

« ART. 2e. — Notre Ministre, etc.... »

30 Avril-7 Mai 1862 (XI. Bul. MXX, n° 10.154).

« ARTICLE PREMIER. — Le Tarif des Frais et Dépens décrété le 16 Février 1807 *pour*
« *la Cour Impériale de Paris*, pour le Tribunal de Première Instance de la Seine et pour les
« Justices de Paix établies à Paris, est rendu commun *à la C. Impériale*, au Tribunal de
« Première Instance et aux Justices de Paix établies à Toulouse. Le Tarif reglé pour le
« Tribunal de Première Instance de la Seine, touchant les Frais et Dèpens relatifs aux
« Ventes judiciaires de biens immeubles, par le titre 2 de l'ordonnance du 10 Octobre 1841,
« est également rendu commun au Tribunal de Première Instance de Toulouse.

ART. 2e. — Notre Ministre, etc.... »

13-16 Décembre 1862 (XI. Bul. MLXXIV, n° 10766).

Texte identique au précédent, avec suppression des mots y soulignés, et remplacement du mot « Toulouse » par « Lille et Nantes ».

De ces divers textes il résulte, à n'en pas douter, que le premier Tarif du 16 Février 1807 appelé : « Tarif pour le ressort de la Cour d'Appel de Paris », comprend notamment :

1° *Le Tarif pour la Cour de Paris*, dont le ressort se compose des départements : Seine, Aube, Eure-et-Loir, Marne, Seine-et-Marne, Seine-et-Oise et Yonne ;

2° *Le Tarif pour le Tribunal de Première Instance de la Seine;*

3° *Le Tarif pour tous les Tribunaux de Première Instance du ressort* établis aux chefs-lieux d'arrondissement et qui sont au nombre de 31.

Le Décret complémentaire précité du 16 Février 1807, étend le Tarif de la Cour de Paris et du Tribunal de la Seine à divers Cours et Tribunaux ; — il réduit ce Tarif de un dixième pour toutes les Cours d'Appel. et pour tous les Tribunaux des Villes où siège une Cour d'Appel, ou dont la population excède 30,000 âmes, — et enfin, particularité à noter et à retenir expressément, le Décret complémentaire MODIFIE *le premier Décret* pour les Tribunaux du ressort de la Cour d'Appel de Paris sis dans les Villes dont la population dépasse 30,000 âmes, c'est-à-dire pour deux Tribunaux : *Versailles* (32,000 habitants) et *Reims* (38,959 habitants).

Cette observation est très-importante. Elle détruit, en effet, le seul argument de la Cour de Nancy (21 Août 1878; Sirey 78.2.302 et 4 Décembre 1879; S. 81.2.13), qui avait pu sembler avoir quelque valeur aux yeux de l'arrêtiste chargé de rapporter les arrêts de cette Cour. La Cour de Nancy n'admettait pas que le législateur qui avait fixé un Tarif dans le premier Décret, pour des circonstances déterminées, ait pu leur créer une dérogation par le troisième Décret. Il est manifeste, par l'exemple cité plus haut, que l'argument n'a pas de valeur.

Avec le premier Décret, les Tribunaux de Versailles et de Reims auraient joui du Tarif des Tribunaux inférieurs. Par le Décret complémentaire, leur Tarif est relevé, et devient celui du Tribunal de la Seine *diminué de un dixième* [1].

---

[1] Même observation pour les Justices de Paix établies à Saint-Denis. Le Tarif eût été le Tarif inférieur. Il est, grâce au troisième Décret, le Tarif maximum réduit de 1/10.

Si l'on prend à la lettre le texte du Décret complémentaire du 16 Février 1807, on doit admettre :

Que pour la Cour de Rouen, pour le Tribunal de Rouen, *toutes les sommes portées au Tarif* de la Cour de Paris et du Tribunal de la Seine sont applicables ;

Que pour les Villes dont, comme pour le Havre, la population excède 30,000 âmes, *toutes ces sommes* sont réduites de un dixième.

Cette expresssion « *Toutes les sommes portées au Tarif* », ne peut justifier, en aucune façon, toute tentative de retrancher du livre deuxième, ni un titre, ni un chapitre quelconque. Elle ne permet pas notamment de supposer que les *Experts* auxquels l'article 151 du Tarif applique expressément, pour la question des Frais et Dépens, l'assimilation complète avec tous les Officiers ministériels, doivent être exceptés de cette règle générale et absolue.

« Il ne sera passé, dit cet article au 5e §, aux Juges de Paix, aux *Experts*, aux Avoués, «· aux Notaires, et *à tous Officiers ministériels*, que trois vacations par jour etc.... »

Il n'est pas sans intérêt de concevoir la genèse du Décret principal et du Décret complémentaire.

Ces Décrets ont été élaborés en même temps, vraisemblablement réunis d'abord, et séparés ensuite. On en trouve la trace dans ce fait que le Livre deuxième du premier Décret a pour épigraphe :

« Taxe des Frais dans les Tribunaux inférieurs *et dans les* Cours »;

Et que, cependant, aucun des chapitres spéciaux aux Cours d'Appel ou de Paris (3e et 4e) n'indique les articles promis pour la taxe dans les Cours d'Appel.

Il est vraisemblable que le texte entier du troisième Décret dit Décret complémentaire, composait, à l'origine, dans le premier projet du rédacteur, l'un des chapitres du Livre deuxième. En opérant la distraction de ce texte, et en en faisant l'objet d'un Décret séparé, quoique rendu le même jour et à la même heure, le législateur semble avoir voulu donner à sa pensée un redoublement de précision. « Toutes les sommes portées au Tarif » édicté par le premier Décret, cela veut dire assurément *toutes les sommes dont parle le premier Décret*, sans aucune exception possible.

Telle est l'opinion, généralement admise par la grande majorité des auteurs (Boucher d'Argis, OscarDejean, Rousseau et Laisney, Dalloz, Bonnessœur, etc.) et par la presque unanimité des Cours et Tribunaux français. L'opinion divergente dont il va être parlé plus loin est limitée à trois Cours : Nancy, Chambéry et Toulouse.

DOCTRINE

Le *Dictionnaire* raisonné *de la Taxe* en matière civile par *Boucher d'Argis*, Conseiller à la Cour d'Orléans, dit expressément (Ed. 1844, p. 158, note 3).

« Le second Tarif ayant rendu le Tarif décrété pour Paris commun aux Villes de
« Lyon, Bordeaux et Rouen, il en résulte que, dans ces Villes, la Taxe des Experts doit être
« la même que dans le département de la Seine, dans les deux cas prévus par le premier §
de l'article 162 et par l'article 159. » [1].

M. O. *Dejean*, ancien magistrat, auteur d'un manuel des Experts, et d'un *Traité des Expertises*, écrit page 372, § 1539 de ce dernier ouvrage (Ed. 1881) :

« Le Tarif contenu dans le Décret réglementaire dont nous venons de reproduire
« les articles relatifs aux Experts, ne concernait que le ressort de la C. de Paris ; mais le
« même jour, 16 Février 1807, fut rendu un Décret supplémentaire qui applique ce Tarif
« aux ressorts des Cours de Bordeaux, Lyon et Rouen, les mettant ainsi sur le même pied
« que Paris ; réduisit les sommes portées en ce Tarif de 1/10 pour les autres Cours d'Appel
« et les Villes dont la population excède 30,000 âmes, et enfin rendit commun à tout
« l'Empire le Tarif des Frais et Dépens décrété pour les Tribunaux autres que ceux de
« Paris. »

---

(1) Le même auteur applique également aux Notaires, visés par le chapitre septième du premier Décret de 1807, les conséquences du Décret complémentaire. *Sic :* Mazade, Tarif des Notaires, pages 88 et 90, Ed. 1854, et d'ailleurs tous les Tarifs qui ont été édités sur les honoraires des Notaires. Les Notaires ont su, de tous temps, faire sauvegarder leurs droits par l'action de leurs Chambres syndicales.

Le *Dictionnaire* de *Procédure pratique* de *Rousseau et Laisney*, donne sans commentaires, t. IV, page 426, les Tarifs suivants :

« Vacations des Experts aux opérations.

« D. (C'est-à-dire : Tarif des Cours de Paris, Lyon, Bordeaux, Rouen, Toulouse, et des Tribunaux de Paris, Bordeaux, Rouen, Marseille, Toulouse, Lille et Nantes.   8 fr. »

« Frais de transport et nourriture.

« D. (Id....)   par myriamètre. 6   »

Au répertoire alphabétique de *Dalloz*, v. Frais et Dépens, p. 147, on lit dans le même sens :

« Vacation des Experts dans les Cours d'Appel de Paris, Lyon, Bordeaux, Rouen. 8   [1]

« Frais de transport par myriamètre, id . . . . (serment) 6   40

—   —   (opérations) 6   »

Sic également *Bonnessœur. Nouveau Manuel de la taxe*, p. 233.

Etc.

JURISPRUDENCE ET PRATIQUE.

En pratique, la Cour de Rouen et le Tribunal de Rouen taxent les Experts de Rouen à l'égal des Experts de Paris, soit à 8 fr. par vacation, et 6 fr. par myriamètre.

Le Tribunal de Neufchâtel, sur une opposition à la taxe formée par des Experts domiciliés à Rouen a, pendant l'année 1887, consacré cette Jurisprudence en appliquant à ces Experts le Tarif de 8 fr. par vacation et 6 fr. par myriamètre, à raison de leur résidence.

---

1) La 4e colonne du Tableau contient certainement une erreur de copie. Au lieu de 6 fr., 3 fr., 4 fr. 80, 2 fr. 40, il faut évidemment lire 7 fr. 20, 3 fr. 60, 5 fr. 76, 2 fr. 88; car le Décret complémentaire reconnu applicable aux Experts de Lyon, Bordeaux, Rouen. etc., l'est également aux Experts résidants dans des Villes ayant une Cour d'appel et dont la population excède 30,000.

Au Tribunal du Havre, il a été jusqu'à ce jour, de pratique constante, de taxer les Experts domiciliés au Havre d'après le tarif de Paris, réduit de un dixième, soit 7 fr. 20 par vacation et 5 fr. 40 par myriamètre.

Le fait à l'occasion duquel la pétition a été formée par MM. les Experts du Havre constitue une dérogation à cette Jurisprudence courante.

Cette Jurisprudence et cette pratique sont également constantes dans les villes de Marseille, Lyon, Bordeaux, Lille et Nantes, et dans toutes les Villes où siège une Cour d'Appel.

Cependant, récemment un Juge taxateur du Tribunal du Havre a cru devoir appliquer aux Experts domiciliés au Havre, le Tarif déterminé pour les Tribunaux inférieurs de première instance, soit 6 fr. par vacation de trois heures, et 4 fr. 50 par myriamètre. Il se base, pour proposer cette taxe réduite, sur une thèse divergente de celle que nous venons d'exposer, par laquelle on prétend soustraire aux effets du Décret complémentaire, tout le chapitre sixième du Livre II du premier Décret.

Cette thèse est appuyée : en doctrine, sur l'opinion des auteurs Chauveau et Godofre, auteurs d'un Commentaire du Tarif *(n*ᵉ *1716)*; et en Jurisprudence, sur deux arrêts de la Cour de Nancy (21 Août 1878. Sirey 78.2.302; — 4 Décembre 1879, Sirey 81.2.13); un arrêt de la Cour de Chambéry (24 Novembre 1883, S. 84.2.76) et enfin un arrêt de la Cour de Toulouse (11 Février 1885 J. P. 2.23).

En réunissant les arguments donnés à l'appui de cette thèse par la Doctrine et la Jurisprudence divergentes, on peut les résumer ainsi :

Premier Argument.

La locution « *toutes les sommes* » doit *évidemment* s'entendre des émoluments accordés aux Officiers ministériels et non aux Experts, Architectes et autres artistes (C. de Chambéry).

Ce premier argument est *évidemment* tout de sentiment et de tendance. Il refuse, sans donner aucuns motifs à l'appui, l'assimilation, au point de vue des Frais et Dépens, entre les Experts et les Officiers ministériels, assimilation expressément proclamée par le texte que nous avons cité de l'article 151 du 1er Décret.

Deuxième Argument.

Il n'est pas possible d'admettre que le Législateur qui a écrit au 1er Décret :

« Art. 159.... Dans le département de la Seine aux Architectes et autres Artistes
« (la vacation). . . . . 8 fr. »
« dans les autres départements. . . . . 6 »
« et art. 160 : à ceux de Paris (par myriamètre). . . . . 6 »
« à ceux des départements 4 50
ait voulu se déjuger le même jour, et ait pu admettre que les locutions « dans le département de la Seine » ou « ceux de Paris, » pourraient être démenties et remplacées par celles « dans des départements autres que celui de la Seine » — « dans des Villes autres que celle de Paris. » En un mot, on ne saurait concevoir qu'un texte formel du premier Décret ait pu être modifié formellement par le Décret complémentaire.

Nous avons déjà combattu cet argument, qui semble appartenir, comme le premier, à la catégorie des arguments de sentiment. Nous avons démontré, et il ne peut être contesté, que pour les officiers ministériels eux-mêmes des Tribunaux de Reims et de Versailles, des Justices de Paix de Saint-Denis, le premier Décret allouait le Tarif des Tribunaux inférieurs, et que le second Décret a relevé ces Tarifs en les assimilant à ceux du Tribunal de la Seine et aux Justices de Paix de Paris, — diminués de un dixième.

D'ailleurs, la contradiction alléguée n'est qu'apparente. Les locutions employées au 1er Décret «ceux de la Seine », « ceux de Paris » sont spéciales à un Document qu'on a voulu restreindre à représenter le Tarif du ressort de Cour de Paris. Quant aux locutions « ceux des autres départements », « ceux des départements » elles s'appliquent, non aux Experts de tous les autres départements de France, mais aux Experts des *six départements du ressort de la Cour de Paris*, autres que le département de la Seine.

Troisième Argument.

L'Ordonnance du 10 Octobre 1841 « contenant les Frais et Dépens relatifs aux Ventes judiciaires des biens immeubles, » qui est sur bien des points la reproduction textuelle des dispositions insérées aux Décrets du 16 Février 1807, fait à l'article 16, en ce qui concerne les Experts, une exception expresse ainsi formulée :

« Les dispositions du chapitre IV du titre précédent (relatif aux Experts), seront
« appliquées, sans aucune distinction, à raison de la résidence, que celle qui se trouve
« indiquée dans ce chapitre. »

Or, les dispositions dudit chapitre IV sont textuellement reproduites de celles des articles 159 à 162 des premiers Décrets de 1807. C'est donc la suppression, pour les Experts opérant en cas de Ventes judiciaires de biens immeubles, du bénéfice des premiers paragraphes de l'article 16, qui sont eux-mêmes la copie du Décret complémentaire reproduit page 5.

Il est absolument certain que le Pouvoir Exécutif de 1841 a eu l'intention expresse de retirer aux Experts, pour le cas dont il s'occupait, le bénéfice résultant de leur résidence dans certaines villes autres que Paris. Il l'a fait, à tort ou à raison, mais pour le faire il a créé un texte formel qui n'existe pas dans les décrets de 1807, et que personne n'a le droit d'y introduire.

Interpréter le Législateur de 1807 par le Législateur de 1841 statuant dans un cas spécial, est un procédé peu sérieux et antijuridique.

Remarquons qu'il est possible même que le Législateur de 1841 ait eu la pensée, en agissant ainsi, d'affirmer et de consacrer, dans un cas spécial, une situation qu'il croyait préexistante pour les Experts dans le cas général ; qu'il ait voulu, en un mot, établir son Ordonnance « sur le plan même des Décrets de 1807», comme il est dit à l'exposé des motifs.

Mais cette affirmation et cette prétendue consécration opérées par le ministre Martin (du Nord), rédacteur de l'Ordonnance, n'ont de valeur qu'autant qu'elles sont d'accord avec les faits qu'elles veulent reconnaître et consacrer.

Or, il est facile de s'assurer par l'examen des Archives de la Cour et du Tribunal de Rouen, qu'antérieurement à 1841, les Experts de notre Ville jouissaient du Tarif des Experts de Paris, 8 fr. par vacation, et 6 fr. par myriamètre. D'ailleurs, le Tarif de Boucher d'Argis est de 1844. Il constatait vraisemblablement un état préexistant, une doctrine courante et non une doctrine nouvelle. Si cet Auteur avait voulu innover, en contradiction avec l'opinion du Pouvoir récemment exprimée, il n'eût pas manqué de le dire et de discuter la doctrine antérieure.

Il faut donc limiter l'agissement du Législateur de 1841 à une innovation, qu'il convient de respecter, mais en la circonscrivant au cas spécial auquel elle est appliquée. Et si on veut, à toute force, y trouver une opinion sur le cas général, il convient encore de reconnaître que cette opinion est contredite par les faits contemporains de l'époque où elle a été émise.

En résumé, l'Ordonnance de 1841 a dit : « Toutes les sommes, moins les honoraires des Experts; » le Décret complémentaire de 1807 a dit : « Toutes les sommes sans exception », et il n'y a aucune raison pour apporter de restriction au texte si clair et si précis du Législateur de 1807.

2° EN ÉQUITÉ.

Quel est le motif plausible qui a porté le Législateur de 1807 à élever les honoraires des Officiers ministériels de certaines Villes ? Ce motif est-il le même pour les Experts?

Il est un fait économique indiscutable, c'est que les dépenses générales de la vie augmentent avec l'importance numérique de la population des Centres habités. L'unité du travail, l'heure ou la vacation de l'Officier ministériel ou de l'Expert, leurs indemnités de déplacement, doivent donc actuellement s'augmenter en même temps que s'accroissent les frais généraux.

Une seconde considération est que, en ce qui concerne les professions libérales : beaux-arts, médecine, barreau, construction, architecture, génie civil, les hommes de valeur ont tendance à se diriger vers les grandes Villes. Le service rendu par les Experts ou par les Officiers ministériels augmente donc en valeur intrinsèque, au moins d'une manière générale. La vacation, l'indemnité de déplacement doivent suivre également cette même progression.

Il est donc bien certain que les raisons de fait qui ont incité le législateur de 1807, à favoriser, dans un but unique d'équité et de compensation, l'Officier ministériel de certaines résidences, existent au même degré, avec la même force, pour l'Expert lui-même. Il est regrettable que le législateur de 1841 ait méconnu ces règles d'économie et d'équité eu égard aux Experts opérant en matière de Ventes immobilières.

Notre raisonnement s'applique aux Honoraires des Experts calculés en 1807. Est-il utile d'insister sur cette considération qu'en raison de l'avilissement de l'unité monétaire comparée au prix moyen de la vie matérielle, les Tarifs de 1807 suffisants à cette époque, sont devenus vils ?

L'Expert n'a pas la ressource de l'Officier ministériel qui ajoute à sa note taxée des honoraires particuliers qui peuvent servir de compensation. Or la vacation de l'Expert même comptée à 8 francs au tarif maximum, constitue à l'Expert une perte certaine, un déficit sur ses frais généraux. Quatre vacations par jour à 6 francs, — ou même trois seulement, conformément à la lettre de l'article 151 du Tarif, constituent à un Expert exclusivement occupé 12 heures par jour, pendant 300 jours par an, — c'est-à-dire condamné aux travaux forcés, — un honoraire total compris entre 5,400 et 7,200 francs qui est le tiers ou la moitié de la dépense normale de sa vie matérielle !

On peut donc affirmer, à coup sûr, que le moment n'est pas heureusement choisi de proposer la réduction générale des honoraires spéciaux à la profession d'Expert judiciaire.

Rouen, le 3 Août 1888.

Le Secrétaire de la Commission du Contentieux,

A. GOUAULT,
Ingénieur-Architecte, Licencié en Droit.

Vu et approuvé :
*Le Président de la Société des Architectes
de la Seine-Inférieure.*
L. LEFORT.